# Mis Juguetes de Hojalata

"Recuerdos de mi infancia, sueños escritos en verso".

## Ana Paz Briz

ARTIST STUDIO PROJECT PUBLISHING COMPANY

[ 2017 ]

# Mis Juguetes de Hojalata

*"Recuerdos de mi infancia, sueños escritos en verso".*

© Ana Paz Briz
© Artist Studio Project Publishing Company

Dirección Editorial: Agustin Villacis Paz
Prologada por: Agustin Villacis Paz
Diseño de Portada: Rafael A. Osuba
Fotografía Portada: iStock.com/ DutchScenery
Fotografía contraportada cortesía de: Ana Paz Briz
Diagramación: Rafael A. Osuba

Library of Congress Control Number:  2017952678

ISBN-10: 0998174920
ISBN-13: 9780998174921

Artist Studio Project Publishing Company
5620 Millrace Trail Raleigh, NC 27606
ASP BOOKS
www.artiststudioprojectpublishing.com
www.artiststudioproject.com

# Mis Juguetes de Hojalata

"Recuerdos de mi infancia, sueños escritos en verso."

## Ana Paz Briz

ASP BOOKS

# Dedicatoria

Dedico este libro a María Fernanda Valdivieso Briz,

quien siempre me decía: "sonríe, Siempre sonríe"

# Prologo

Este Poemario que nos presenta Ana Paz Briz contiene una recopilación de versos escritos a través de la vida de esta gran poetisa y declamadora ecuatoriana, en donde recoge los sentimientos vividos en su tierra y los junta a su sensibilidad haciendo que los versos fluyan con exquisitez como un pequeño riachuelo en su camino al mar.

En los poemas dedicados a los niños, en el segmento de su libro "Niño llévame de la mano", dice que las caritas de los niños "son como libros abiertos, para conocer de cerca tu futuro humanidad", y así dejarnos el mensaje mágico y lleno de significado.

Algunos de sus escritos nos hacen sentir que la presencia divina adorno los momentos en los cuales escribió:

"Son los niños

Como cristales azules

Que adornan las horas de un nuevo cielo

Son las voces cantarinas

Que en dulces arpegios

Caen sobre la tierra"

Ella escribe poesía para llevarnos a un momento en donde lo mágico es real, lo eterno es posible, donde la magia se desnuda en cada letra, y eso es lo que hace Ana Paz Briz; Llevarnos en un viaje adentro de su ser, a su alma, a sus vivencias.

A medida que leemos cada verso y viramos cada página nos adentramos en la parte de su historia llamada: "Creaciones desnudas que desnudan" en donde las letras se manifiestan puras, simples y desafiantes como aquel verso que dice:

"Ante la impavidez del mundo

Los versos son de piedra,

Las palabras mudas,

El silencio ajeno,

Las lágrimas agua congelada

Ante el cinismo,

Me juego la vida

En un idioma de amor irrevocable

La poesía".

Ana María cuando escribe también declama sus versos, dejándonos un legado exquisito de arte, como decía el renombrado Doctor Manuel Sarkiyanz , autor de varios libros y profesor de la Universidad de Heidelberg en Alemania; " una poetisa cuya lirica esta guardada en las librerías hispanas de Europa Central, una poetisa que ha sido invitada a México, a Mérida, Yucatán, a dar recitales en la Universidad Autónoma de Yucatán, recibiendo la más calurosa bienvenida de los miembros de los círculos Académicos y Literarios".

Este libro, aparte de recoger las vivencias y los poemas de la autora, productos de una vida esforzada y provechosa, también nos transporta a su tierra natal en donde como profesora de Literatura esculpió en sus alumnos enseñanzas de vida y escribió a su tierra, A su América.

"Sangre impregnada

Con genes de futuro

Piel cobriza

Tienda de sol Inca

Cabellos de Miel

Perfil sereno de vestal Andina"

Así al percibir su América decide rescatarla en sus orígenes tal y como la ve, como la siente, como la vive.

La poesía es un bálsamo para el alma, que derrama gotas de cielo sobre las letras, que impregna de perfumes mágicos el viento y que acaricia el espíritu con pasos de una vida.

Les presento. Mis Juguetes de Hojalata.

Agustín Villacis Paz

Poeta y escritor

Mis juguetes de hojalata, amigos de siempre y para siempre, ánforas de mis sueños e imaginación.

Mis juguetes de hojalata, mis más humanos compañeros, que con la más bella simplicidad y humildad han sido y son mis compañeros.

Ellos con sonrisas me han llevado a Dios, ellos viven en mí ser como mis mejores maestros, para conocer la alegría de los lirios, la belleza de las rosas, la eternidad de las poesías.

Ana María Paz Briz

# Las Palabras

Bandada de pájaros,

oleaje del mar,

alimento del tiempo

ojos y canto del camino

Suma de presencias y de espera

látigos del pantano

ojos y canto al camino

Suma de presencias y de espera

látigos del pantano, soles de sol

¡creaciones desnudas, que desnudan!

Unión de los perfiles interiores

unión de horizontes anhelados,

artificies de ternura

lazarillos de la angustia

herencia de mi vida

Las palabras,

la mejor palabra es aquella que nos hace callar

para mirarnos dentro

# Niño llévame de la Mano

A ustedes, los niños del mundo, a nosotros, con la seguridad de poder entrar, en el agua de nuestros ojos.

¿Por qué?, por ellos los niños, ellos son los que nos abren los caminos

¿Cuáles caminos?

El llanto de su llegada, el silencio de su partida, las sonrisas y las travesuras, la magia de su fantasía, que nos hace volar por las edades y descansar donde no hay tiempo, al ser y al estar sobre la tierra, al ser eterno.

¡Por ti niño que me llevas de la mano ¡

Ana María Paz Briz

# A los niños

Enséname tu abrigo: el cielo

Enséname tu amor: a todos

Tu eres el héroe de todas las batallas,

Mereces la condecoración universal

Pues han triunfado en encontrar paz,

Todos tenemos una infancia dentro

y la negamos

mas si volvemos los ojos hacia ti

sabemos del amor

la libertad

el valor y la belleza

Cuanto tenemos que aprender de ti!

# Por ellos

Por ellos floreció mi ternura,

por ellos mi mente es fortaleza,

Por ellos crecieron mis pétalos y nacieron mis versos.

# Niña Mia

Azul de mis sueños

Descansan mis días

Sonríe mi ventana

Y me besa el sol

Y aunque no eres mía

Por ti mi cabello

De plata lucio

Por ti mi paisaje

Se pintó en el tiempo

Volaron mis hojas

Y un viento de otoño

Mi paso alejo

Sonriendo

Mi sereno rio

Un tanto cansado

La mar encontró

# Niño.......... Niña

Niño que me miras tanto

Niño que te miro ahora

Niña que me miras tanto

Niña que te miro ahora

Estamos jugando con neuronas de colores

Como en la tarde de abril

Y en la ventana, tu carita está pintada

Hombre que pasas por la calle

Joven que escondes tu sueno

Jueguen con la magia buena

Que es la magia del amor

Miren solo a la niña

Que se asomó a la ventana!

# Te cuento amigo mío

Te cuento amigo mío,

que fue por ti

que viaje hasta la flor,

que deshoje misterios

de pétalos vacíos

o pétalos pintados,

con destino y amor

Fue por ti

viajero de mis sueños,

hermano de ilusión,

protagonista de los tibios minutos

cantarino viajero

de los limpios riachuelos,

en donde sumergimos

la desnuda presencia

la caricia del dolor

Y pasa el agua pasa

para un viaje mejor

entonces como niños

tan solo nos reímos

Tan solo así cruzamos

el espacio,

alla, la dulce espera

es anhelada calma,

¡profunda e inmortal!

# Instantes eternos de Roció

La ternura

te soné,

te acuñe,

te recibí,

como una flor

Tomes los besos húmedos de cielo,

así traspasada de luna

susurros y misterio,

amaneció en mi vida,

minutos de Dios

¡Instantes eternos de roció!

# Las caritas de los niños

Son como libros abiertos

para conocer de cerca tu futuro humanidad,

mira esos ojos azules, que brillan por no llorar

¡porque te quieren besar!

Mira esos negros y profundos ojos de ese niño
ecuatorial

de acero hoy luce su mirada,

porque mucho ve sufrir

¿Y los niños en las guerras? ¿que decimos?

¡si las palabras no pueden pintar sus angustias tiernas!

la verdad más cruda...ellos ya quieren volar,

para no jugar con huesos, con balas o con horror

Y lo peor que se ha visto, es la maldad de aquellos

que trafican con su sexo, pisotean su inocencia,

implantando la locura de ese tiempo

En que Sodoma y Gomorra caminan por todo el mun-
do

En un cinismo abominable, repugnante y atrevido,

Como feroz animal, que ha embrutecido a mil gentes

Que han enlodado el hogar, el hogar de los humanos

Que tienen hoy mil tragedias

Porque Dios está llorando

Y el tiempo se acaba ya.

# A todos

Desde lo más profundo

de mi corazón los amo,

desde lo más profundo de mi corazón los dejo

Desde lo más profundo de mi corazón me alejo

sé que el silencio es la mejor medida,

sé que mi ausencia será presencia en sus caminos

Sé que no fue mi ser terrenal

sé que es Dios que nos acoge a todos,

en cada corazón y a cada instante,

Y a los niños, a todos

por qué en todos esta

un niño feliz o agazapado

mejor que sonría

de ti depende, solo de ti

y en esta vida

dejad que tu niño interior

te lleve dulcemente de la mano

dejad que esto sucede

¡Y sonríe, por favor, sonríe!

# Carta a mi Taita

A un niño de mi patria, a un niño quechua,
a un niño de los andes ecuatorianos.


Vea Taita,

no cambie en mi la alpargata,

deje en mi hermana la trenza

¡Qué lindo luce el anaco!

¡Igualita nuestra llacta!

Nuestro idioma

nuestro amor

Quinientos años pasaron

Y otros quinientos vendrán y yo quiero Taita mío

que el siglo venga conmigo

¡Y no yo irme con el ¡

# Angel de carita sucia

Para chupachu como le dicen al limpia botas

Tengo grabado tu rostro dulce amigo mío
niño que caminas anhelante
de un juguete y un helado,
que conoces mil trampas
y sales mil veces liberado del vicio
Por tu angel, el angel de carita sucia
travieso rapaz, yo no te acuso,
¿Y Dios que dice de tus días?
él te guarda en su santo corazón
Ven, toma mi amor, un poco de betún,
la comida y esta camiseta nueva
Ven, cuéntame tu vida,
no quiere arrancarte de lo tuyo
Sigue siendo el héroe de tus aventuras
ven ángel de carita sucia,
ven te voy a guiar poquito a poco
De ti aprenderé cuanto ángel,
¡pequeño ángel de carita sucia!
serás en mi camino, la flor, la gota de rocio,
la ternura.

# El rostro de mi niño

Tiene este rostro querido,

América, en sus grandes ojos negros

en su mirada serena,

en sus pestanas dormidas,

en sus hoyuelos alegres

carnosos labios, gentiles,

vibrantes como es América

mestizaje de sangre limpia

en sus venas,

En su herencia, amamantada en su herencia

vena abierta de América

es el rostro de mi niño.

# Infancia

Mi cuerpo por el mar cubierto

me bautizo en sus salobres aguas

con brisa y palmeras por padrinos

Ante la vida atada,

sirena sembradora

ante mi gruta,

mi isla natural

mi alma desnuda

Ante mis pies rizadas olas

ante mi timidez

la blanca espuma,

Así fue mi mañana

infancia de la luna.

# La ventana

La ventana, siempre tu amiga

anda, vuela, sueña, juega,

en mil fantasías

Nadie sabe tu secreto,

te cuento, tiempos por amigo a Dios

A todos, ella los ve por dentro

¿nunca ellos saben por qué?

A caminar, ella los lleva a vivir

# La niña enferma

No sufras madre

no sufras

soy barca azul

soy aurora,

manos tibias

sábanas blancas,

rosadas rosas

sonrisa delicada,

y un halito de luz

que alcanza a todos!

Esta materia enferma,

sanara al instante

de la muerte repentina,

no tengas miedo

tampoco tengas frío

mírame con los ojos abiertos

el alma siempre alerta

la miel de mi planta

besara tu rostro

seré tu amiga

trae pronto a mis hermanas

yo duermo, mas estoy despierta

no te apegues jamás a mi retrato

guarda las rosadas rosas

y las sábanas blancas

# Los niños de color azul

Son los niños

como cristales azules,

que adornan las horas de un nuevo cielo,

Son las voces cantarinas

que en dulces arpegios,

caen sobre la tierra!

Son gotitas limpias del nuevo amanecer,

son lagrimas tristes,

mejillas bañadas con recuerdos tibios

del atardecer!

Y son en las noches, como mil estrellas,

y como la luna que acaricia y vibra

y baja como mil riachuelos

a lavar los pies cansados de la humanidad!

# Mirando en la ventana

Luchas y te equivocas
a ciegas sigues luchando,
vive sereno, mejor
entra en el espacio azul
navega en el infinito,
toma mi mano y ven
a jugar, la vida es eso,
nunca nadie conoció la vida
¡a la ventana ven, se abre la puerta!

# Canción de navidad

Te agradezco señor

por la alegría,

por los niños,

por los campos

por el mar,

por el cielo infinito

y por las estrellas

Por mi madre, sus arrugas y su andar

por ellas, su presencia, su mirar

por la taza de café, con una amiga

Por el pan que bendice mi mantel cada mañana,

por las sonrisas,

por este corazón dulce y sereno

por este amor

que dibuja la vida,

con puentes de arco iris

bajando el cielo a la tierra

como es tu voluntad.

# Villancico en playas

En playas, Ecuador

Desde la entraña del mar

yo te ofrezco, niño mío

la pacifica canción

del alma de navidad

En el océano pacifico, tu vienes a sonreír

en mi pueblo, pueblo de mar y de brisa tropical

tu llegas, ¡oh niño mío!

tu llegas en navidad,

y yo pongo tu cunita

mi alma salobre y alegre

mi alma de pescador

Tu cuna es llena de amor,

y en mi mesa tu multiplicas el pan,

multiplica en nuestros niños,

la canción que es más hermosa

Una canción para el mundo

¡Una canción por la paz!

# Poema a mis alumnas

Decisión y valentía,

mirada limpia,

corazón feliz

Ustedes, retrato ferviente de estas tierras

tienen la altivez de las palmeras

en el dulce romance de la luna

Ustedes, tienen pinceladas de ilusiones

que guardan celosamente, los legítimos anhelos

de una raza que es amor,

germinaran las semillas del mar,

la brisa dulce y un poema tropical

Decisión, valentía y alegría de vivir

se dibuja en sus caminos

con belleza y con amor.

# La niña ausente

Nina dulce, inteligente

ya no estas triste, sonríes y se feliz

lo necesitas, y no son los lujos,

tampoco los rencores

Es tu tierna sonrisa, tu mirada y el abrazo de Dios,

que te acompaña, lo que llena el espacio

e ilumina tu vida como la senda mejor

en tu camino.

# Pequeña niña buena

A ti!

angel de bondad

A ti!

quiero hablarte al oído

y bendecirte,

Para sellar mi amor profundo en tu camino

y así, pedirle a dios te colme de luz y decisión cristiana,

Y seas el valor de la humildad

para ayudar a los tristes y desorientados

a encontrar la puerta del bien en cada vida

¡con la serenidad que tienen las almas nobles en la vida!

¡con la serenidad que tienen las almas nobles en la
muerte!

# Creaciones desnudas que desnudan

# Silencios

Sueños sin tiempo,

tiempo de silencios,

silencios de muerte,

muerte que trae vida,

vida que es belleza,

belleza que es oasis,

oasis que es poesía,

poesía que es tiempo,

¡tiempo de silencios!

# Al mundo

Ante la impavidez del mundo

los versos son de piedra

las palabras mudas

el silencio ajeno

Las lágrimas agua congelada

ante el cinismo

yo me juego loa vida

en un idioma irrevocable

la poesía

# Verbos

Amar:

defender la armonía,

lograr una sonrisa

Pensar:

golpear mis neuronas,

galopar en mi cerebro,

desmenuzar mis decimas de tiempo

Escribir:

descanso del alma

Sonreir:

dar una respuesta al mundo

Vivir:

tarea eterna

Soñar

vivir, volar, llegar

Morir:

Abrazar el infinito,

encontrar por qué.

# Espejo del ser

Encarnación de un sueno

imagen de las alas,

magia de la libertad,

sonrisa al infinito

aliento y vigor,

de todo lo que es vida

y es eternidad.

# Respuesta desnuda

Estoy suspendida en la palabra

frente al vacío,

tratando de abrazar al universo,

buscando dentro de mis sangrantes neuronas

escudriñando el camino,

Al final de las certezas,

en esta grieta del tiempo

en el alveolo dcl mundo,

en la retina del cielo,

en la raíz de mi tierra,

sembrada trazo el camino

En la entraña de mi barro

y siento que soy respuesta

desnuda hacia el infinito.

# Interrogación

¿Se han muerto, Juana de Ibarboru, Gabriela Mistral,
Ruben Dario, Becquer y Alfonsina?

¿Se seco el amor en los trigales?

¿Se han dormido el huerto?

Hoy danzan juntos la cifra exacta y el apuro

desfilan ante mí las gentes paralelas

se construyen las selvas de cemento

se imprimen duendes para la biblioteca

Gabriela, tu sueño es un grito que abrigo en mi pecho

¿Se han muerto, Juana de Ibarboru, Gabriela Mistral,
Ruben Dario, Becqier y Alfonsina?

¿se han muerto?

# Por una vida

La cosecha del pan,

la sonrisa de un niño,

el abrazo del viajero,

la muerte del soldado,

el trabajo de un padre

la comida de las madres,

el sudor del campesino

el libro de un intelectual

el brotar de las semillas,

el crecer de los arboles

el sendero de los hijos,

Me vale

Te vale

¿verdad?

Atemos todo en los agujeros de esperanza

que a veces llamamos vidas,

¡nuestras vidas!

# Humano

Mecanismo de pasiones

circunstancia del pasado,

presente no analizado

futuro cosmos alterado

Atomos enloquecidos,

final de los vertebrados,

canción de cuna olvidada

Humano ,¿donde estas?

en muchedumbre, eres grito,

que ahoga tu soledad

¡Humano!

Te has reído de tu propia humanidad

y un alud de carcajadas,

muy pronto te aplastara!.

# Inocencia

Inocencia del hombre

no te encuentro,

necesito soñarte y fabricarte,

te perdiste en los gestos

los agravios, los ojos altaneros,

Te necesita el tiempo y el espacio

se asfixia el mundo

por matarte

y se humedece el cielo

por perderte

Inocencia:

intangible elemento necesario

Inocencia:

causa anhelada

en la esencia del hombre y su camino.

# Definiciones

Tierra:

Carne mía anticipada de semillas

Cielo:

Esperanza dibujada en estrellas

Paz:

Ver dormir a un niño

Guerra:

¿a quién pertenece la tierra?

Filosofía:

Pensamientos útiles e inútiles que siempre están
presentes

Ciencia:

Soluciones y petulancia

Economía:

Reparto que no alcanza para todos

Hogar:

Descanso, abrigo y sonrisa de nuestras entranas

Casa:

Lo que hoy confundimos con hogar y diseñamos para
la televisión

Herencia:

Besos que recibimos en la frente

Poeta:

¿ser que tiene que tragarse el alma?

# Los sesudos

Los sesudos me cansan,

si, me cansan mucho,

pero no pienso en los intelectuales ¡no!

pienso en aquellos que creen que han cosido el mundo
y que son dueños de sus últimas puntadas,

De aquellos grávidos, serios, circunspectos, que dan el sí
y el no y el nombre a la cultura.

Me rio de ellos porque nada aportan

Y solo ellos y ellos

Aquí y allá danzando entre las fotos, el brindis, la
solapa,

Ellos y los politiqueros siempre dañan la historia y se-
can la cultura,

¡Que falta no hacen los auténticos!

Y ¡ cuanto me cansan los sesudos!

¿Y a usted?

Publicado en diario el Comercio en Quito, Ecuador
el viernes 12 de junio de 1991 en Opinion

# Vivo....Muero

Vivo en un vuelo irrefrenable,

muero en un estío sin ventanas

Vivo en cada golondrina,

muero en la rutina de la tarde

Vivo en la brisa que sonríe,

muero en esta interminable lluvia

Vivo en cada libro abierto,

muero en los recibos contables de la vida

Vivo en cada sueno traspasado,

muero en cada amanecer de realidades

Vivo en esta mi realidad amanecida,

y no muero, porque siempre vivo

¡En esta mi vida que está viva!.

# A veces

Quisiera viajar por las galaxias,

ser juglar del universo

conocer en la luna algún amigo,

llegar a marte alguna tarde,

saludarnos en un azul espacio,

en Saturno recoger la primavera

y en Venus aterrizar mi nave.

# Los ¿Por qué?

He cosido mis retazos

se me ha cansado la vida,

y me sentado a mirar

¿y pensar, en que, en quién?

Si los ¿porque? Se me escapan

y como peces, se van

nadie nunca, contesto el por que,

Los arboles allí siguen]allí los libros igual

¿Por qué siempre he de pensar?

si los ¿Por qué?

se me escapan y como peces se van

# Verso Azul

Tu verso azul poeta,

se alimenta de paz, de sol, de tiempo,

se enfrenta al dolor

detiene hasta la muerte,

eleva el alma,

aleja lo fugaz

se esparce en el aire,

penetra en nuestra mente

nos concilia dentro

nos une en el camino,

nos da valor

nos hace hermanos,

tu verso azul, poeta

es esencia de vida,

canto de destino

tu verso azul poeta

no morirá jamás.

Será el aliento

Que alimenta la esperanza

¡El ala blanca de la raza humana!

# A un perro llamado lobazo

Tu pelambre oscuro

tu fuerte ladrar,

tu enorme figura,

que hasta hace temblar

Aquellos que miran

tus agudos dientes,

callan, retroceden

yo, en cambio te miro,

siempre en el misterio

tembloroso y hondo

del claro mirar,

de tus ojos tristes

que expresan dulzura

y una pena honda

igual que mi pena,

como la esperanza

como la ilusión

Y así me pregunto

¿Porque eres tan bueno?

tan dócil y tierno

siempre en el silencio

siempre en la humildad

Eres tu mi hermano y de ti yo aprendo

En idioma simple hay que siempre amar

# Hermana de la muerte

La lujuria

su carne como de lodo

con agua sorda, en los labios

con envidias

En el mercado hostil de la vida

vendiendo su carne herida

su cintura, una ciénaga de plomo

vomito gris corriendo va por sus venas

lascivia jadeante exhiben sus caderas enlutadas

Sus ojos son de una rata enfurecida

pasión de baba tibia es la hermana de la muerte

gritos, desolación, odio

mucho odio cotidiano

podredumbre,

cadáver y podredumbre

es la hermana de la muerte,

escondida esta en los muros

acechando está escondida.

# Hombre avaricia

Un pez gigante lo mira,

su camisa esta entreabierta

oscuro sudor derrama

Tierra, una caja fuerte abierta

Muerte,

en la cena solitaria,

la sopa llega vacía

Conteo tenaz

las agujas, las medias rotas

el centavo ajeno

bilis, lujuria, temblor de dientes,

Rostro de agua sucia,

enfermedad en acecho

fermentando noches frías,

guardando, siempre guardando

una lagrima escondida

No tiene paz,

ni con la muerte, no tiene

# El Cinismo

Grave azote de este siglo,

la bofetada del diablo,

ufana va por las calles

paseando las carnes flacas

¡pintoreteada!

danzando en la carcajada

colmillo largo

el cinismo

# Recíbeme

Mi horizonte caminaba

sin llegar al sitio amado,

hoy se han abierto mis ventanas

se perfilan mis paisajes

Eres mi tiempo y mi sol,

mi espacio contempla el tuyo

tu paz cubre mi canción,

tu pincel pinta mis horas,

Tu luz abriga mi vida

Recíbeme como un sueño,

como un trino,

como pequeña verdad,

como gotita de agua

como brisa, como perfil de tus horas

Como soy:

trigueña como mi carne,

blanca como mis anhelos,

roja como mi sangre,

azul como mi nostalgia,

limpia como los riachuelos

anhelante cual dulce espera

¡vibrante como mi amor!

Diáfana como mis labios

recíbeme como a la vida misma,

que llevamos en este bendito viaje,

en que somos compañeros

de alegrías y dc penas

de sueños y realidades

De misterios, soluciones y sonrisas

minutos de cada día,

que bordaran en sus horas

la vida, la vida misma,

como un regalo bendito

que nos lo ha dado Dios.

# Amistad

Conocí una joven

con sonrisa larga,

calculada frase

Conocí mucha gente,

de finos retoques,

de vestidos caros,

con ojos ocultos,

exigencias vanas,

con ansias perversas

y con la sonrisa dulzona en el tiempo

Yo mire su cara,

observe su rostro,

me sitie en su vera,

rasgue sus caminos

quise ser su amiga,

encontré en una piedra

en un foso oscuro,

cayeron mis ansias

Se hundió mis nostalgias,

se perdió mi pena

con sonrisa triste,

alegría en el alma

tome mi destino

sin decir palabra

la mano estrechamos

¡yo tengo un amigo!

# La Poesía

Es del alma su delicadez

de la vida

¡la dulzura!

Del sentimiento

¡Expresión!

Del idioma es la poesía,

plasmarse maravilloso

de letras, ritmo y amor

La poesía es pensamiento filosófico en acción,

es vivencia,

que danza en todas sus letras,

la poesía amiga del solitario,

soledad del auditorio,

tenue viento que levanta

la hojita hacia el cielo azul

Del poeta hace su héroe

y del héroe un soñador,

la poesía es un oasis

de los caminos en cruz,

es el desierto arboleda

y en la arboleda una flor

La poesía es preámbulo,

que se adelanta al futuro

y el poeta es un profeta,

que se adelanta en el tiempo y se proyecta en la luz

# Palabras cósmicas

Hace ya un tiempo, un día

tomaron el mundo mi persona

en alquiler,

y no pagaron mucho,

fueron apenas unos suaves gestos,

minutos, unos cuantos

Al entrar fui espacio y tiempo

me dijeron de los verbos,

vivir, crecer, amar, odiar

no lo olvides nunca,

y me dieron la palabra

creí y amé

Empecé a vivir en alquiler

y no pagaron mucho,

apenas unos suaves gestos

hoy hace ya tanto tiempo,

Fue un negocio redondo para el mundo

y para mi hoy lo comprendo

puede vivir, recibir los hijos

ceder espacios, aprender los verbos

Y ahora, hace ya tanto tiempo

la cuenta es alta,

no entiendo de otros verbos,

no puedo cumplir esa tarea

Y no puedo devolver el alquiler

dejo mi espacio y seré sin tiempo,

y a él le entrego mi oración

amándolos a todos encontré la imagen infinita de cada uno.

# Una sonrisa

Igual me da

saberme tuerca y engranaje,

oír gritos, sentir codazos, recibir disparos,

tragarme un pan que sabe a pesos

Ponerme un vestido que aún lo debo,

reírme con todos los payasos,

saberme tan adentro

decir al viento, ven acércate un momento

Se me va la ternura por la boca,

oír que el viento se aleja, oír que no tiene tiempo,

saber de la obligación de moda

conseguir dinero que pague el agua tibia,

el coctel, la pantomima

el carro con rociador de ambiente

y me miro, aquí dentro nuevamente

solo tengo dos ojos,

¡ para mirar en el espejo una sonrisa1

# HOY

Hoy se agiganta un tropel de gentes desbocadas,

que cambiaron sus pies por cuatro cascos,

y se peinan melenas y cerquillo

Y se agiganta un desfile de gente iluminada

con una fuerza tan grande en su mirada

así que en un hoy ya muy cercano

este bullir de cosas y de gente

tendrá sin tiempo y sin espacio

un final que será eterno eternamente

# AMERICA VIVA

# Ser y estar en América

Pujanza en el amanecer de cada día

de Alaska hasta la Patagonia,

romance en el beso anochecido

música en los sueños,

surcados por el mar

por tus ríos

Sangre decidida y nueva

dibujan tus pies el barro ancestral,

que hiere el centro de la tierra

y el brillo de tus pupilas

en todos tus paisajes,

estas en el surco, en el sendero,

en el lago, en la montaña y la llanura

aquí el presente y el devenir entero de la raza humana.

# América

Manantial de la miel del universo

la casa nueva del mundo,

haz de luz, compas del tiempo

vida y música del cielo

Eres Azteca, eres Maya, eres Inca

eres mestiza y morena,

eres América, la del mangle y de la jungla,

de la vertiente y el agua

Naciste un día en el atlante

entre la bruma y el beso

ante el pudor de las aguas

frente a la Pinta y la Niña

junto a la Santa María

Eres el oro y los Andes

eres la pampa,

eres el cofre y la zafra,

el Amazonas y el Guayas

El Misisipi, el Orinoco y el Plata

Eres la niña limeña,

eres temblor en la historia,

eres Marti, Bolivar y San Martin

Eres semillas en el cosmos

eres joven,

¡Eres América esperanza!

# Raza cósmica

Sangre impregnada

Con genes de futuro

Piel cobriza

teñida del sola Inca

cabellos de miel,

perfil sereno de vestal andina,

labios carnosos de pasión

dulces de ternura,

pechos de madre, supervivencia blanca

que dan vida

En el varón:

músculos, venas, pensamientos acciones y un devenir

En la hembra:

sinuosidad morena en su lecho,

prevención y un superarse diario

En la raza:

valor y rebeldía

en la oscura mirada,

horizontes preñados de esperanza

En el mapa:

el verdor de América

la presencia cierta de una raza cósmica

# Paisaje viaje y recuerdo

En un viaje por la sierra ecuatoriana

Viajando por los caminos, piso piedras, amaso fantasías, descubro soledades, me deslumbro, se escurre el sol en el campo, lava la mujer indígena su cara con roció y amapola. El indígena con latigazos doma el lomo de la tierra, hunde el maíz, la cebada, domestica el aguacero, los pinos, las azucenas, las carretas, los atajos, las raíces, los abismos, los laberintos, los riscos, los arenales.

Las latitudes del mundo se dibujan en el camino, que hace camino en mi tierra y camino caminando por los caminos del tiempo, por los derroteros blancos.

¡Andino, paisaje mío!

Mensaje del agua y de viento.

# Solamente una mujer andina

Cuando sabes de la herida milenaria y has bebido el silencio de la grieta andina, cuando el viento y las nieves mecen la tristeza haciendo susurrar los bosques, cuando tú seas tierra en el valle y la montaña, cuando tus pecados los lave el riachuelo y tus pies sean de nardo y florecillas, cuando tu esfuerzo sirva para labrar en los surcos la mirada del niño campesino. Cuando todo tu ser pueda en la mañana del mundo sembrar gotas de esperanza, cuando frente al mar necesites solo un momento, un beso, una caricia para llenar de cielo al ser amado.

No importa mujer donde has nacido, pues eres sin lugar a dudas una mujer andina.

¡Solamente una mujer andina!

# Ante el Atlántico

Mar, inmensidad azul y bravía

coloso de salobres aguas,

mar, esparcimiento y alegría

mar, reto constantes y afán de aventura

Océano atlántico, trajiste nueva vida a esta América,

completaste la redondez de la tierra,

eres proveedor del hombre

pareces un niño juguetón y travieso,

eres desde antaño fuerza y optimismo,

eres risa de olas, baño de palmeras

Siempre galante, enamorado de la tierra

al verte me pierdo en tu horizonte,

crespúsculo del viejo pescador,

abrigado en la luz del astro rojo,

así, se eleva al cielo en la escalera de humo de su pipa

Frente a mí el atlántico, la noche y el pescador con su pipa.

# Una noche en Playas

En un manto poblado de estrellas,

en el mar inmenso

la luna traviesa, miran como se aman,

el mar y el cielo

Un enamorado, sueña con su amada

y el viento acaricia, sus sueños de amor,

serena es la noche, de quienes confiados

esperan que cada mañana, se alejen felices

luceros del alba

Desiertan sonrisas en el mar inmenso,

en esa barquita, lleno de ilusiones,

vive un marinero, juega con el mar,

niño de esta tierra, cántale a la vida

que cuando tu duermes

bajan las estrellas

Un ángel sonríe,

y se que conoces, la luna traviesa,

y ves cómo se aman

el cielo y el mar.

# Pachamama con tu voz

Ante un silencio de estrellas,

soné mi infancia en la luna,

ante una aurora dorada,

tome un cántaro de luz

En mi sueño estaba el sol,

del fondo de tus volcanes,

de tus lagos, tus danzantes,

tus yaravíes, tus rondadores,

me hablaron voces que fueron

y escuche voces que son

¡Pachamama!

¡Me encontré con tus raíces!

y el eco de sangre,

lo he mojado, con mi voz,

masticando poco a poco,

haciendo norte tu norte,

penetrando en el retorno

En la vasija, en la flor,

mi mente la amasé, la atravesé

honda esta mi tierra adentro,

presente en el arco iris

y mi ser profundo y azul

y mi palabra silvestre

¡Pachamama con tu voz!.

# Rumiñahui

Piedra gigantesca, Llanganati

tu raza silencio, viento, lluvia,

siembra en el vientre de la tierra

Imponentes, callados

Los andes mordieron tus despojos

se hundió en el tiempo tu grito,

tu cuerpo se cubrió de sol

hoy estas multiplicado

En la mitad de todos los caminos,

cara de piedra, Orominabi

Rumiñahui, Llanganati

los Ati vuelven, los Ango y los Collahuaso

todos de piedra son,

de lava, espinos, de barro milenario,

enterrando para siempre la tristeza

De pie están frente al Imbabura

al Pichincha, al Chimborazo

de pie, Rumiñahui y Atahualpa

De pie, si mueren cien, mil se levantan

de pie con las cenizas del pasado

de pie cambiando la directriz del tiempo

El color de su poncho, las huellas de sus hijos

así saldrán de todas las quebradas

serán el cauce de todos los deshielos,

bajaran juntos al mar nuevo de otra historia

Se cumple el ciclo,

la naturaleza manda,

se acepta el valor de la pujanza

Orominabi

piedra gigantesca

Llanganati, cara de piedra

Rumiñahui.

# Rio Guayas

Rio tutelar

tronco y raíz,

grito torrencial del aguacero

pueblo,brazo,noche, dia

Arena, piedras y gotera

agua, siempre agua,

vidas formadas en el barro

lamen las orillas de tu entrega

Amanecidas gargantas,

oh, rio tutelar

pueblo, brazo, machete,

sudor, invierno

Agua, siempre agua,

campo humedecido,

oh, rio tutelar

hermoso Guayas

Siento la humedad de tu piel,

cuando acoge la esperanza de tu tierra,

tu voz abraza tu ciudad,

y sigues sereno

Pegado a su cintura,

Guayaquil siempre altiva,

llena de magia, acepta tu eterna compañía

juntos tienen noches de luna sonadora,

juntos tejen los sueños de sus hijos,

juntos ciñen el paso de la historia

Juntos han sido

juntos son

juntos están

juntos los amo

¡agua, siempre el agua!.

# Quito

Ciudad del panecillo,

del Pichincha,

del cielo azul,

del balcón colonial,

la calle angosta,

el granizo, la lluvia

y el atrio de la iglesia

Ciudad de Quitumbe y Benalcazar

ciudad ceniza,

soberbia ciudad de Rumiñahui

Ciudad del romance y la verbena,

ciudad eterna, eternizada

Shiry, Inca y española

Ciudad Mestiza cósmica,

ciudad de raza nueva,

ciudad simiente

ciudad patria

Ciudad de la Ronda y la Alameda,

ciudad de la azucena, de la niña de Dios

Ciudad América

ciudad de frailes y poetas,

de leyendas, cuentos y añoranzas,

ciudad quiteña, ciudad cara de Dios

Ciudad del cielo azul, el balcón colonial,

la calle angosta, el granizo,

la lluvia

y el atrio de la iglesia

Ciudad que hoy nos cantas a la patria,

con música que suena pegada al corazón,

con la fuerza que tienen tus canciones,

que son para el progreso, la vida

la diaria labor

Aquella que se esculpe en tus rincones,

aquella que nos define dentro,

aquella que ya escribió una historia

aquella que está en tu cielo azul

Aquella que te hace ciudad eterna, eternizada

y que siempre definirá con fuerza nuestra historia.

# El Mar

El mar está herido,

en la distante claridad del faro,

el mar está sonando, plateados caminos de luna

De pronto reacciona y se revuelve

asi, nace otra aurora marinera,

es niño, es joven, adulto y viejo pescador,

es amigo de todos

soledad de todos.

# Otavalo

La niña Pacha,

la princesa del lago,

fuente de luz el Imbacocha

Fertilidad azul

promesa de los Dioses,

rondadores, ponchos,

alpargatas, telas, danza,

trabajo, soberbia y esperanza

se amasan en tu pan,

se bordan en tus telas,

se peinan en tus cabelleras,

se cuenta en tus corales,

se conversan en quichua,

se venden en la feria,

se anejan en el tiempo

Van y vienen

en tu fuente de luz

¡El Imbacocha!.

# Vena y Sangre de los Huancavilcas

Rio Guayas

Guayaquil, Guayaquileño

línea certera en el mapa virgen de la América India

jinete apresurado

preñez de la tierra

remanso y deshielo

final de nieve andina

vena y sangre de los Huancavilcas

# Playas un poema en el mar

Del Pacifico un poema

son sus versos, los niños,

las garzas, las gaviotas, los piqueros,

y ese viejo pescador

Poema en el mar su sol,

poema en el mar es tu aurora marinera,

poema en el mar, tu sueño,

siempre salobre y azul

Poema en el mar son tus playas,

con encajes de ilusión,

poema en el mar, tus noches

cálidas y enamoradas,

Donde germina el amor

En ti el trabajo es poema,

en el mar, tu cielo

que es un canto, una oración

en el mar, son sus versos, los niños,

las garzas, las gaviotas, los piqueros,

Y ese viejo pescador

# Antaño fuiste Guayaquil

Empuje de brazos fuertes

que la patrias proyectaron,

su fe, su honor, su espada

antaño fuiste Guayaquil

Una hamaca que mecía tiernamente

una niña de amancay, con sueños de caramelo y carita
de cristal

Antaño fuiste una abuela,

bordado de mil colores,

mirada dulce y gentil,

porte altivo, una sombrilla de encaje

y seis nietos en abril

Antaño fuiste callecita de las Peñas

casa amplia, balcón claro, bandada de golondrinas

y luz tenue de un farol

Antaño fuiste Guayaquil,

hermosa Guayaquileña

sensible, serena, inspiración de poetas

cultura y gracia de mimbre

elegancia al caminar,

voluntad y ejemplo noble

aroma de Guayaquil

Antaño fuiste ciudad azotada por mil plagas

asediada por piratas

devorada en los incendios

y volviste en la luz de tus mañanas

en el valor de tu gente

en el romance del rio

en el blanco y el azul

de la bandera de octubre

que engaña nuestra vida

mirando hacia el porvenir

# Nuestro Mar

Dialéctica contradicción

de vida y muerte,

azul y verde el horizonte

mañana transparente

Pies de nácar

risa de olas

canción del pescador

barca, viento, mar y cielo

tarde arenosa

Despedida del sol, que se duerme en sus aguas

noche herida en la distancia,

claridad del faro,

sueño del viejo pescador

sueño y herencia

tropical caricia

nuestro mar, nuestra vida, nuestra canción

# Gente de mar

Cuerpo moreno de sol,

ojos de agua tu mirada,

son dos arpones tus brazos

y son tenazas tus manos

Son tus piernas fortaleza,

y es la mente un pescador

tres balsitas amarradas

y una vela frente al mar

El horizonte esperanza

y el cielo una ensoñación,

nadie mancillo tu brisa,

que es tuyo este viento en flor,

Que a tus hijos sostuviste

con el verde y el pescado,

con el sudor tropical

eres señor de los mares,

y eres siempre un pescador

# Minga

Milenaria costumbre ennoblecida,

amanecer de entrega humana,

calor de mentes, promesa de alegría

bullicio, sudor y transparencia

Compartir de brazos la faena

compartir el pan

trabajo compartido y esperanza

milenaria costumbre

Aprendamos de ti hermano Indio

que los andes proyecten un haz de luz al mundo

y aprendiendo de esta entrega humana

esta lección nos haga gente nueva

y así nos redima la minga de la historia

# Los Andes

Lomo nevado de la América india

frente abierta al descanso,

perenne soledad de soledades

testigo de los siglos del silencio,

vientre sagrado donde germina el sol,

fertilidad en la siembra del maíz andino

Pachamama

augurio de vida,

renovación y ofrenda

tierra cuna, tierra sepulcro,

tierra surco, tierra simiente,

tierra renovación y ofrenda

tierra de ardiente historia

y se germina la América de los incas

# En los Perfiles Andinos

Paramos inmensos, paisajes acurrucados

Horizontes dorados por los sembríos,

Agua, vertiente, vida, musgos, líquenes, abismos

profundidades azules, sonidos, muchos sonidos, tapete
de mil colores

silencios, muchos silencios

Pensamientos, ecos lejanos

siembras, cosechas, supervivencias, sustentos,

libertades, miedos, misterios, esclavitudes, plegarias

Llantos, fríos, congelados fríos

desafios,realidades,retornos,revoluciones,

historias, tantas historias,

profecias,pisadas,huellas

realizaciones,presentes,caminos,

Un gran camino en los perfiles andinos

# En la calle de la Peñas

Siento rumor de canoa,

sonidos siento del agua,

siento aroma de jardines,

siento alondras y añoranzas

colgadas de las barandas,

subiendo por los balcones,

sintiendo que toda tu alma

se me anidara en el alma

Me siento Guayaquileña

soñando sueños que saben,

que saben a manjar blanco

En las calles de las Peñas voy caminando despacio,

para sentirla, para asomarme

silenciosa en la ventana,

Despacio mirar el rio

para enredarme con la flor, con el jilguero

En recuerdos, recordarte,

sonando sueños que sabe

que saben a manjar blanco

en la calle de las Peñas

# Campesino

La tierra te habla

te canta en su voz

te dibuja el campo,

sonríe en el sembrío,

es la flor y el árbol

también el amor

La tierra te escucha,

tus ansias, tu andar

la tierra recibe toda tu esperanza,

delinea tus huellas, germina el sudor

la tierra cambia en alegría, todo su dolor

Eres campesino, eres sembrador

eres puente amigo,

nos cuidas el pan,

eres como el barro, modelado en agua

fraguado en ardor

La tierra te llama,

con voz de pasado,

con voz de futuro

la tierra es presente que adorna tu andar

Espiritual digno, la tierra es en ti,

es preñez y fruto, es esplendor y fe,

no la dejes nunca, pues si tú la dejas

¿Qué ser del día?

¿Qué será del sol?

del agua del rio,

huirán las espigas,

y el tierno roció

nacerá el desierto, danzaran fantasmas

llegará el horror

# Chola Cuencana

Mariposa de ávidos colores

trenza, canasto, pañolón, sendero

alma de la serranía

Un collar con cuentas de oro

una sonrisa de aurora,

caravanas de alegrías,

desnudas tus brazos,

en el pudor de los sauces

y lavas tu trasparencia en la piedra y la cascada

dejando limpia la vida y la tarde dibujada

en un centenar de ropa,

que bailan con mil matices

llevándonos a soñor

sueños, sueños

húmedos de fríos

secos de sol y de viento

cantoneando la esperanza en esta cuenca del alma

# Mujer Indígena

Verbo aborigen

lo profundo

es la humedad infinita de tus ojos

escuchas el silencio de las piedras

Estas cosas, las sabes

en ti la Pachamama germina

las semillas de tu raza

el indio se envuelve en ti

y los dos con la tierra

los tres saben

y nadie dice nada

# Amauta

Filosofo de la vida

En la nieve eterna de los Andes

El sol es el astro que marca el paso

En la vida y en la muerte

En los espacios del sudor y la sonrisa

Así sin sofismas, sin amarras, así como las flores

El campo, el maíz

Así el amauta es el hoy, el ayer, es el mañana

# A Mi Patria

Eres un ceibo fuerte frente a la sequia

o un Cóndor majestuoso que vuela entre los Andes

o el rio caudaloso que corre al Amazonas,

o el Guayas eterno que besa a Guayaquil

Eres Quito, Cuenca, Manta, Guayaquil

las islas encantadas,

Esmeraldas, Playas, el Puyo

Eres joven que anhela superarsc

Patria, comenzar hoy es importante,

juntos, negros, cholos, blancos, indios o mestizos

comenzar hoy a realizar el sueño

que nos dio la libertad

comenzar hoy por la Patria

es necesario

# Así Fue Santos Andrango

(Publicado en la revista Encuentro del Instituto de Cultura Hispánico,
En Ambato, Ecuador febrero de 1986)

Su cuerpo, barro de tierra morena

sus manos dos surcos con los que rasgaba el alma,

su ser, silencio de siglos,

mendrugo de pan su vida,

piedra del rio, rayo de sol

mordisco y lagrima

Su piel indolente al viento

su mirada, oscuro mirar de historia,

plateas de luna, soñar de chicha y alcohol,

soñar despierto, sus hijos vestidos de otro color

amanecer de domingo y rezar a Taita Dios

Asi fue Santos Andrango,

raza dolor, raza frio, raza hambre,

raza espera de siglos,

raza puños apretados

anhelos de bien ahogados,

lava, volcán, sudor,

semana de sacrificios

hoy semilla, pasto verde,

extraño viento que empuja

Estos hombres que se van camino al sol

Su muerte ha roto silencios

suena la lluvia en el rio y se moja el corazón

un eucalipto vigila, ojos de angustia yo siento,

los silencios se encontraron

el silencio de la vida

el silencio de la muerte

el silencio de esta raza que grita dolor de siglos

Crepúsculo que se lleva el silencio de la vida,

herencias que se dibujan en el andino horizonte,

pies descalzos, poncho viejo

canto de quena en el aire

Raza dolor, raza frio, raza puños apretados,

raza soñar despiertos con hijos vestidos de otro color

El viernes, ¡señor! El viernes

con la chicha y el alcohol

y amanecer de domingo a rezar a Taita Dios

# Frente al Tungurahua

Tierra plena, en plenitud

con un misterio de flor,

con un camino en el sol

con historia y con amor,

con alegría en las ferias

la quietud de tardes buenas

y la nevada garganta del volcán,

el Tungurahua

Las promesas de tus ríos,

el campo vegetal de los maizales,

las frutas de mil sabores,

las flores de mil colores

el trabajo y el destino son una misma razón

para pintar tu belleza,

con fuerza y decisión

con un misterio de flor,

con un camino en el sol

tierra plena en plenitud

# Biografía

Ana Paz Briz nació en la ciudad de Guayaquil, Ecuador un 26 de abril de 1944. Se graduó de Bachiller en el Colegio Santo Domingo de Guzmán y trabajo toda su vida como profesora de Literatura en varios Colegios del país.

Ha publicado varios libros de poesía y relatos cortos como:

- Aprendiendo a perdonarme

- Voz de América Viva

- Tuberculosis en el alma

Ha participado varios recitales:

- Tercer Recital Poético en la Casa de la Cultura de Guayaquil

- Recital por el día de la hispanidad en Ambato, Ecuador

- Recital Poético de la Dirección provincial de Cultura de Guayaquil en 1993

- Recital Felipe Carrillo Puerto en Mérida, Yucatán, México.

- Recital Celebrando a Don Quijote de la Mancha en Raleigh, Carolina del Norte en 2016.

# Indice

Prologo      04

Nota del autor      08

Las palabras      10

Nino Llévame de la mano      12

A los niños      15

Por ellos      16

Nina Mia      17

Nino, niña      18

Te cuento amigo mío      19

Instantes eternos de roció      21

Las caritas de los niños      22

A todos      23

Carta a mi Taita      24

Ángel de carita sucia      25

El rostro de mi niño      26

Infancia      27

La ventana     28

La niña enferma     29

Los niños de color azul     31

Mirando en la ventana     32

Canción de navidad     33

Villancico en Playas     34

Poema a mis alumnas     35

La niña ausente     36

Pequeña niña buena     37

Creaciones desnudas     38

Silencios     40

Al mundo     41

Verbos     42

Espejo del ser     43

Respuesta desnuda     44

Interrogación     45

Por una vida       46

Humano       47

Inocencia       48

Definiciones       49

Los sesudos       50

Vivo muero       51

A veces       52

Los Por qué?       53

Verso Azul       54

A un perro llamado Lobazo       55

Hermana de la muerte       56

Hombre avaricia       57

El cinismo       58

Recíbeme       59

Amistad       61

La Poesía       63

Palabras comiscas       65

Una Sonrisa 67

Hoy 68

América Viva 70

Ser y estar en América 72

América 73

Raz Cósmica 75

Paisaje, viaje y recuerdo 77

Solamente una mujer Andina 78

Ante el Atlántico 79

Una noche en Playas 80

Pachamama con tu voz 81

Rumiñahui 83

Rio Guayas 85

Quito 87

El Mar 89

Otavalo 90

Vena y sangre Huancavilca 91

Playas, un poema en el mar                92

Antaño fuiste Guayaquil                   93

Nuestro Mar                               95

Gente de mar                              96

Minga                                     97

Los Andes                                 98

En los perfiles Andinos                   99

En las calles de las penas               100

Campesino                                101

Chola Cuencana                           103

Mujer indígena                           104

Amauta                                   105

A mi Patria                              106

Así fue Santos Andrango                  107

Frente al Tungurahua                     109

Biografía                                112

# UNA COMPAÑÍA DE PUBLICACIÓN DE LIBROS MULTICULTURALES

**Sobre Artist Studio Project Publishing Company:**
Artist Studio Project Publishing Company, también conocido como ASP Books, es una compañía independiente de publicación de libros multiculturales.

Interesada en todos los libros y escritos latinos creativos, académicos y culturales de puertorriqueños, latinoamericanos, mexicoamericanos, cubanoamericanos, centroamericanos e hispanoamericanos.

**ASP BOOKS®**

§§§§§§§§§§§§§§§§§§§§§§§§§§§§§§§§§§§§§§§§§§§§§§§§§§§§

La primera edición de Mis Juguetes de Hojalata
"Recuerdos de mi infancia, sueños escritos en verso",
de Ana Paz Briz, se imprimió y encuadernó en los
EE.UU., en agosto del año 2017

§§§§§§§§§§§§§§§§§§§§§§§§§§§§§§§§§§§§§§§§§§§§§§§§§§§§

www.ingramcontent.com/pod-product-compliance
Lightning Source LLC
Chambersburg PA
CBHW071559040426

42452CB00008B/1227